IMPRIMERIE TYPOGRAPHIQUE

DE

MORRIS PÈRE & FILS

Rue Amelot, 64, à Paris

N° *98* du Registre d'Inscription

Je soussigné déclare avoir l'intention [1] *d'imprimer*

pour le compte de [2] *M. Edouard Petit*

un Ouvrage ayant pour titre [3] *A Messieurs les Membres de l'Assemblée nationale — Capacité Electorale, Considérations et projets applicables à la Ville de Paris*

par M. [4] *Edouard Petit*

lequel je me propose de tirer à *400* exemplaires,

en ___ vol., format in-*8° carré* d *une* feuille d'impression.

Sans Couverture *imprimée*

Paris, le *13 juin* 187*1*

Morris père et fils

1 D'imprimer, ou de réimprimer sans changements, ou de réimprimer avec changements. — 2 Inscrire le nom du Libraire ou de l'Auteur. — 3 Inscrire littéralement le titre. — 4 Le nom de l'Auteur, ses qualités, son domicile; ou bien, après le titre, ajouter ces mots : SANS NOM D'AUTEUR.

A MESSIEURS

S. MEMBRES DE L'ASSEMBLÉE NATIONALE

CAPACITÉ ÉLECTORALE

CONSIDÉRATIONS

ET PROJETS APPLICABLES

A LA VILLE DE PARIS

PAR

ÉDOUARD PETIT

PARIS

TYPOGRAPHIE MORRIS PÈRE ET FILS

RUE AMELOT, 64

1871

A MESSIEURS
LES MEMBRES DE L'ASSEMBLÉE NATIONALE

J'en demande pardon à Dieu et aux hommes.

LAFFITTE, 1831. — JULES FAVRE, 1871.

MESSIEURS,

Ces paroles humbles et touchantes, qui expriment si bien les tourments du cœur et la sincérité du repentir, se reproduisent dans l'histoire comme une expiation des erreurs commises par les grands hommes !

Pour des principes contraires, Chateaubriand, Laffitte et M. Guizot peut-être eurent à se repentir.

A son tour, l'illustre ministre des affaires étrangères déclare que, pour avoir voulu épargner à la garde nationale de Paris l'humiliation d'un désarmement, il est cause de la plus cruelle et de la plus injuste des insurrections.

Ce triste aveu arraché par la douleur est-il le seul reproche que cet homme célèbre ait à se faire pardonner? A-t-il oublié et pouvons-nous perdre le souvenir que le suffrage universel prématurément donné est en partie son œuvre? — Peut-il exister un doute que ce droit, accordé sans qu'aucun devoir prévu ne précède l'accomplissement de ce grand acte, fut pour les grandes villes, et notamment pour la capitale, la source de ses malheurs et conséquemment de ceux de la France?

Sans le suffrage universel, eût-on jamais eu la pensée de placer dans chaque main une arme comme conséquence d'un droit?

Quel est l'homme d'expérience qui un seul instant a pu croire que la multitude déposerait les armes après la guerre?

Qui, après avoir assisté aux conférences des clubs, aux coalitions, aux grèves, a pu se faire un moment illusion?

Enfin, qui ne sait pas que ces hommes pervers, qu'imprudemment la France abrite, sont d'abord les auxiliaires des plus mauvaises passions, jusqu'au moment où la discorde leur permet d'intervertir les rôles et de s'affirmer en maîtres?

O Parisiens honnêtes, mais aveugles, qui n'avez pas compris cet immense péril, vous devriez, à l'exemple de ces grands ministres, faire amende honorable!

Depuis cinquante ans, comme un besoin d'opposition héréditaire, vous encouragez de vos deniers une presse soi-disant libérale, réformatrice, qui, sous l'apparence d'un contrôle utile, raille, médit, calomnie quotidiennement :

Le pouvoir dans ses actes;

La religion dans ses ministres ;

La magistrature dans ses arrêts;

L'armée dans son honneur et sa discipline.

Ces attaques incessantes, et le fanatisme aidant, l'édifice social, par votre concours, s'ébranla quatre fois en un demi-siècle! Est-ce assez ?

Hélas! pour n'avoir pu supporter les imperfections inhérentes aux institutions humaines, lesquelles ne troublaient en rien ni la liberté individuelle, ni la conscience, ni aucune des sources honnêtes de la prospérité, aujourd'hui, Parisiens sybarites, pour avoir méconnu les bienfaits d'une protection tutélaire, vous vous êtes condamnés à fuir ou à être les esclaves de la vile multitude!

Au nom du suffrage universel, que vos fautes ont fait naître, vos dominateurs ont disposé de votre liberté, de votre fortune, de votre vie, et vous fûtes placés dans l'horrible alternative d'exposer à leur vengeance la famille, qui vous est si chère, en refusant de servir leur odieux pouvoir, ou de vous déshonorer en combattant les libérateurs de la civilisation!

II

Après une si cruelle épreuve, Paris comprendra-t-il qu'une

ville de deux millions d'âmes, refuge facile, trop facile aux misérables de toutes les provinces et de tous les pays, ne peut, sans troubler la sécurité publique, être administrée par la volonté de la généralité?

Paris comprendra-t-il que, si les franchises municipales se justifient, à l'égard des campagnes, en raison des attaches que donne la possession territoriale, la pratique de ces mêmes prérogatives dans la capitale, dont une fraction considérable d'habitants presque nomades vit au jour le jour, que, dès lors, accessibles aux passions dont ils sont les continuels auxiliaires, il y a, pour la société, de légitimes craintes!

III

De cette situation critique, qu'une injuste révolution a faite en 1848, faut-il dire : — Périsse plutôt la France qu'un principe?

Grâce à Dieu, pour préserver l'une, il ne s'agit pas de porter atteinte au suffrage universel, mais d'en corriger les funestes effets, par le retour à la saine raison.

Quelle que soit sa foi politique, tout cœur loyal dira : qu'il ne saurait y avoir de droits sans devoirs? — Le salut de la France est à ce prix! — Assurément, si le suffrage universel, au lieu d'avoir été jeté en pâture dans un moment de folie, avait été l'objet d'une discussion approfondie, comme toute loi sage doit être, on eût, par la morale, préservé la société des erreurs qui la suicident!

Oui, une loi qui, sans condition de capacité sérieuse, fit de chaque citoyen un électeur armé, ne pouvait que nous conduire à l'abîme! Aussi l'histoire dira-t-elle que, moins ennemie des étrangers que de la civilisation, la multitude timide, à l'égard des envahisseurs, réservait son énergie et sa haine contre les institutions de la France et se rendit odieuse. — Résultat de doctrines que n'approuvaient pas tous les ennemis de l'empire, mais que tous ménageaient dans l'espoir d'un concours nécessaire à leurs projets.

Ce fut, en effet, avec le premier armement si énergiquement exigé par l'opposition extrême, et accordé avec une juste crainte par le gouvernement de la régence, que les nouveaux bataillons armés firent le 4 septembre! — Date funeste, qui, en aggravant la situation, devait plonger tant de familles dans la douleur!

IV

Solidaires les uns des autres, devons-nous, dans nos souvenirs douloureux, nous diviser encore? Non! car un dernier malheur serait la perte de la France!

Paris expie par sa ruine et ses larmes ses imprudences, sa raillerie et son orgueil!

Que les âmes égarées comparent le socialisme avec les libertés que donna la civilisation chrétienne?

Le socialisme ruinera tout le monde sans enrichir personne. — Au contraire, avec la liberté, d'accord avec la morale, on peut par l'intelligence et le courage surmonter mille obstacles, et loin de porter une haine injuste à celui qui en triomphe, il faut saluer en lui le génie qui fait naître le travail, en se souvenant que l'homme ne peut s'enrichir sans contribuer à améliorer le sort des autres!

Que les décrets de spoliation se comparent avec ces œuvres généreuses qui depuis quarante ans se sont développées avec tant de bonheur au profit des déshérités!

Enfin que la conscience humaine mette en regard les doctrines haineuses des hommes de la Commune avec les enseignements des vénérables pasteurs qu'ils ont lâchement emprisonnés, torturés et assassinés.

Devant une telle ingratitude le peuple de Paris se relèvera-t-il? — Oui! si j'en crois mes sentiments et mon cœur! — Quelque vive qu'ait-été la douleur, ce qui fut bon, généreux et dévoué l'est toujours! — La persécution augmente la foi des uns, et la fait naître chez les autres! — Donc, ceux qui ont le plus souffert donneront encore l'exemple de l'abnégation et du pardon!

Sous l'inspiration de cette dernière pensée et désirant contribuer par l'expérience à réédifier la base sur laquelle s'appuiera le droit électoral, je hasarde une proposition dont la pratique ne blesserait en rien le principe du suffrage universel.

V

CONSIDÉRATIONS

La part de souveraineté que la loi accorde sous-entend, pour tous, l'accomplissement du devoir.

Ce principe d'équité reconnu, le droit et le devoir sont inséparables.

Néanmoins, ne pouvant apparaître simultanément, quel est celui qui doit précéder l'autre?

Incontestablement le devoir.

Dans cette hypothèse, le devoir devançant dans sa marche le droit. — Ce dernier moralement devient la récompense de l'autre.

Tel est le noble but qu'il faudrait atteindre. L'oubli de ce principe primordial coûte assez de larmes à la France pour que, sous une forme ou sous une autre, la nouvelle législation ne l'inscrive pas en lettres d'or!

Donc, purifier le suffrage universel par le devoir, c'est constituer la capacité électorale sur la morale.

Ces devoirs, je les détermine ainsi :

Obligation de savoir lire et écrire.

Obligation d'avoir satisfait à la loi militaire.

Obligation impérative de la *prévoyance*.

Justifions ces trois conditions.

En imposant l'obligation de s'instruire, personne ne pourrait soutenir que l'absence d'instruction élémentaire fût la cause des déchirements affreux que l'on déplore. Car les écoles, grandes ouvertes depuis 1833, font que ceux qui ne savent ni lire ni écrire sont en très petit nombre. — Seulement, comme une arme à deux tranchants, l'instruction est dangereuse sans l'élévation des sentiments, que l'éducation seule peut inspirer!

A Paris, le mauvais exemple, et l'absence de religion, n'ayant produit que raillerie et négation de toute morale, cette nouvelle génération, plus instruite que la précédente et plus aisée, n'exprima, des bienfaits de l'instruction, que la plus noire ingratitude; néanmoins, malgré cette douloureuse anomalie, le savoir élémentaire répond trop à un besoin de notre époque pour n'en pas faire une condition future de capacité électorale.

En second lieu, dans l'hypothèse que chacun payera son tribut comme soldat, et que la première période de trois années commencera à vingt ans, sa conséquence logique est que l'âge de vingt-trois ans se fixe de lui-même pour l'inscription sur la liste électorale.

Ces trois années d'épreuves, ayant le caractère réel d'un devoir accompli, constituera la seconde disposition de capacité électorale.

Quant à ceux qui, pour diverses causes, bénificieraient des exemptions prévues, il ne serait pas juste d'ajouter un nouveau privilége en leur accordant deux ans plus tôt l'inscription électorale.

Cependant, un cas moral pourrait permettre l'inscription dès l'âge de vingt et un ans. — Ce serait celui du mariage ! — Cet acte suprême de la vie, qui ne peut s'accomplir sans le consentement des parents avant l'âge de vingt-cinq ans, suppose d'heureux sentiments, que la sagesse des lois doit reconnaître et saluer.

Or, à l'émancipation que donne le mariage il serait bien d'y joindre la capacité électorale.

Donc l'obligation première n'est que l'écho d'un vœu général. — Quant à la seconde, elle sera la conséquence naturelle de la loi future sur l'organisation militaire.

Évidemment celui qui ne présentera pas la justification d'un congé honorable ne saurait être en droit de réclamer son inscription sur la liste électorale.

Or, par le fait, ces deux conditions n'ont aucun caractère de nouveauté. — Aussi j'arrive à la troisième condition, à laquelle j'attache la plus haute importance.

Je demande que, quel que soit l'âge ou la condition de fortune, on ne puisse être *électeur* sans faire acte de prévoyance.

Je m'explique :

Si, aux yeux des législateurs, l'instruction élémentaire, et le service comme soldat sont obligatoires, il semble que l'éducation doit aussi avoir sa place. Or, la prévoyance est une marque ostensible et une émanation d'une bonne éducation, et pour la manifester dans le sens le plus fraternel, le plus

démocratique, c'est d'imposer à tous les électeurs l'obligation d'être membre de la Société Municipale de Secours
Mutuels du quartier où l'on habite.

VI

A un droit égal doit s'établir un *cens* égal. — L'essentiel est
de déterminer l'unité du sacrifice dont l'importance soit acces-
sible à tous. — Or, une contribution mensuelle de un franc
comme sociétaire, affectée aux sociétés municipales, produirait de merveilleux effets.

Je sais d'avance que les ennemis de toute prévoyance et de
toute morale s'écrieront que ce nouveau *cens* indirect repousse
du scrutin les malheureux. — A cet outrage contre mes sentiments je réponds : — Par cela seul que les tribunaux pro-
noncent contre les indignes l'interdiction du droit électoral,
soit pour un temps ou pour toujours, de même, dans un ordre
inverse, les juges naturels, c'est-à-dire les co-sociétaires, auraient la faculté de faire remise de la cotisation que le sociétaire et électeur ne pourrait supporter.

Avec cette garantie paternelle, ce qui commande le respect,
c'est-à-dire la vieillesse, les infirmités, le chômage, trouvera
dans l'appréciation des sociétaires une équitable protection.

Qui donc pourra craindre la privation de ses droits ? Ce sont
ceux qu'il faut atteindre et que l'on nomme : la paresse, le
vice, la débauche, et cette foule nomade qui depuis trop longtemps fait échec aux honnêtes gens !

Au reste, si Paris veut se réhabiliter et reprendre aux yeux
des nations civilisées le prestige que le suffrage universel lui
a fait perdre, il faut qu'il désavoue à toujours ces dangereux
auxiliaires.

VII

D'abord, pour ne laisser aucun doute sur ma pensée, je
pose cette question : — Si la loi future imposait l'obligation
de payer un *cens* quelconque, le but que je me propose serait-il
atteint ? Affirmativement, non !

Mon ambition est plus grande. Je désire qu'une institution
morale, à laquelle on n'appartient que d'une manière faculta-

tive, devienne une institution obligatoire. Je désire qu'il y ait à Paris autant de sociétés municipales qu'il y a de quartiers, et que la liste des sociétaires et la liste des électeurs soit exactement la même.

Ce principe loyalement accusé, reste à indiquer le fonctionnement pratique.

Si l'on admet que la liste électorale soit le corollaire de la société municipale, celle-ci considérée comme l'instrument à l'aide duquel on établira la capacité électorale, il faudrait avant l'application de la loi s'occuper de l'outil dont le principe subsiste, mais profondément altéré par les raisons que voici :

Les présidents des sociétés municipales, dans le désir d'augmenter leur effectif, recrutent leurs membres non-seulement sur le territoire qui leur est assigné, mais encore au delà de leur arrondissement.

De plus, des mutations nombreuses se sont produites dans les domiciles sans pour cela que les sociétaires aient quitté leur société primitive.

Ces pieuses fraudes détruisent la pensée de cohésion qui s'attache à la qualification de société municipale. On peut affirmer que depuis plus de douze ans les sociétés municipales de quartier n'en ont plus que le nom, — la qualification n'indique que le siége, — et pas autre chose.

Aussi devant cette perturbation qui ne produirait que confusion, et avec la certitude de ne froisser aucun intérêt, je n'hésite pas à proposer les dispositions suivantes :

Article 1er. — Les sociétés municipales de secours mutuels, créées en vertu d'un décret du 26 mars 1852, sont dissoutes.

Art. 2. — Il sera créé quatre-vingts sociétés municipales, c'est-à-dire une par quartier dans chaque arrondissement.

Art. 3. — Les membres qui composaient les sociétés dissoutes seront inscrits d'office dans la société municipale de leur demeure respective.

Art. 4. — Une ventilation équitable assurera aux sociétaires anciens l'importance relative qui reviendra à chacun d'eux, soit sur les fonds disponibles, soit sur les titres de la caisse des retraites.

Art. 5. — La caisse des retraites se liquidera envers les

sociétés dissoutes par l'ouverture de quatre-vingts comptes nouveaux pour chacun des quartiers.

Art. 6. — Ce premier compte créditeur étant la propriété légitime des anciens sociétaires à titre viager, le retour à la communauté nouvelle se fera à mesure des extinctions.

Art. 7. — Les maires de Paris sont nommés liquidateurs.

Avec de telles garanties le législateur n'a pas à craindre de porter atteinte à la propriété.

Un exemple à l'appui :

Une société composée de cinq cents membres possède à la caisse des retraites un capital inaliénable de 100,000 francs; soit, 200 francs par membre.

La dissémination des sociétaires fait qu'en nombre inégal ces cinq cents membres habitent sur les quatre-vingts quartiers de Paris. — Qu'importe ? Par la ventilation, la caisse débitrice de 100,000 francs créditera autant de fois 200 francs qu'il y aura de membres dans chacun des quartiers. — Et pour assurer la loyauté de la liquidation, je n'hésiterais pas à porter sur les livrets individuels une somme relative au nombre d'années que chaque sociétaire aurait passé dans la société. — Cette seconde opération achèverait la liquidation et la rendrait irréprochable.

Dans ces conditions une dissolution ne saurait froisser l'intérêt d'aucun, à l'exception de celui qui par son âge espè-e sur une faveur que ses co-sociétaires pourraient *peut-être* lui accorder.

Cette chance aléatoire étant la seule considération que l'on pourrait invoquer, il n'y a pas lieu de s'y arrêter.

VIII

Une société libre peut promettre tout ce qu'elle veut.

Une société municipale ne le doit pas. — Son caractère lui impose une grande circonspection.

Pour avoir fait le contraire, les sociétés municipales existantes se sont créé mille embarras. Or, les sociétés nouvelles ne devraient assurer que le médecin, les médicaments et l'indemnité. — Rien de plus.

Ici se présente une objection.

Ce qui distingue et honore les sociétés municipales. c'est l'admission des femmes. Loin que la projet nouveau les repousse, il les y convie ; seulement leur présence n'est que facultative, tandis que pour l'homme elle serait obligatoire. Au reste, assujetties plus que les hommes aux maladies, il y aurait lieu à une cotisation uniforme.

Or, dans la position actuelle,

l'homme paye 24 francs,
la femme   12   —   } un ménage 36 francs.

Dans la mesure que je propose, une cotisation de 12 francs suffirait. Donc, pour un ménage prévoyant, ce serait une économie de 12 francs.

Une conséquence non moins remarquable :

La loi électorale exigeant de tous l'impôt de la prévoyance, il apparaît que, selon la richesse relative des quartiers, un nombre plus ou moins considérable de sociétaires électeurs réclamera de la société municipale les avantages qu'elle procure. — Quel sera ce nombre ?

Sans pouvoir préciser le chiffre de ceux qui s'abstiendront de toutes participation, on peut pressentir que, sur l'ensemble de la population électorale, la moitié au moins se considérerait comme sociétaires honoraires, ce qui serait le triomphe de la véritable fraternité et de la parfaite égalité.

Ayant le droit de profiter des avantages et ne le faisant pas, on ne blesserait la susceptibilité de personne !

CONSÉQUENCE MATHÉMATIQUE.

En prenant une moyenne de 20,000 électeurs par arrondissement payant comme sociétaires 12 francs l'un, soit 240,000 francs.

Si, par impossible, la moitié des électeurs réclamait des soins, on aurait, pour y pourvoir, une moyenne de 24 francs. — L'expérience des sociétés de secours mutuels démontre victorieusement que l'importance de cette moyenne couvrirait largement les frais de médecins, de médicaments, d'indemnité et d'administration.

CONSÉQUENCE MORALE.

L'obligation de la prévoyance aurait l'immense avantage d'habituer le peuple à comprendre qu'il n'y a pas de droits sans devoirs, et que la dignité de l'homme est de se suffire à lui-même!

Riches ou pauvres, c'est la même loi; nous savons ce que nous sommes aujourd'hui, nous ne savons pas ce que nous deviendrons demain! Que le terrible châtiment que Dieu nous inflige en ce moment serve à toujours d'enseignement!

Enfin, pour la sécurité publique, il importe que l'on sache si l'homme qui place un bulletin dans l'urne est digne de cet honneur. — Donc, avant l'inscription sur la liste électorale, l'administration a le droit et le devoir de connaître d'où vient l'électeur et ce qu'il a fait! or, je ne connais pas de moyens plus efficace, plus puissant que les sociétés de secours mutuels!

L'idéal, hélas! serait l'obligation pour toute la France. — Mais je me contenterai de Paris. — Paris, qui ne peut être véritablement libre que sous la protection de sages lois!

UN TRISTE AVEU

Les sociétés municipales (dont la pensée est sublime), n'ont pu se constituer qu'à l'aide de membres honoraires, et de libéralités au nombre desquelles, il faut l'avouer, figure le produit d'une regrettable spoliation! (1)

Baissons humblement les yeux, puisque, par faiblesse, nous acceptâmes, chaque année, pour nos sociétaires, une part de la mauvaise action! — Au reste, dès le début, j'ai espéré et j'espère plus que jamais, qu'un jour, pour leur dignité, les sociétés municipales de France opéreront cette restitution.

Après cet aveu, ajoutons que, comme attraction on fit miroiter l'espoir de pensions de retraite. — Problème sinon impossible, au moins difficile à résoudre. Malgré ces espérances et le concours le plus dévoué, il y eut peu d'empressement de la part des ouvriers. — Pourquoi? c'est que profondément agités par des doctrines qu'ils auront à maudire, la haine et l'envie prirent la place des bons sentiments qui naguère les animaient!

(1) Décret de confiscation sur les biens de la famille d'Orléans.

UNE DERNIÈRE CONSIDÉRATION

Les sociétés municipales d'obligation, loin d'entraver les sociétés libres, leur viendraient en aide de la manière la plus merveilleuse. En effet, ayant l'assurance dans la mutualité municipale de trouver : médecins, médicaments et indemnités, elles auraient toute latitude pour s'occuper du reste, c'est-à-dire : des pensions de retraite, des obsèques, des secours aux veuves, etc., etc. — Loin donc d'annihiler les sociétés libres, ce serait, au contraire, le moyen le plus puissant pour les encourager.

En définitive, si on me mettait en demeure de dire comment je m'y prendrais pour organiser dans un arrondissement quatre sociétés comportant en moyenne cinq mille électeurs ou sociétaires, ma réponse serait celle-ci :

Les présidents par l'autorité supérieure, et le bureau par le suffrage de tous.

IX

Par les considérations qui précèdent, pénétré que la capacité électorale doit se manifester par des actes ostensibles, que l'exercice d'un droit ne peut s'accomplir qu'après le devoir, je sollicite l'examen du projet qui suit :

Article 1er. — Tout Français habitant la capitale depuis une année au moins a la capacité électorale s'il justifie :

1º Qu'il sait lire et écrire ;

2º Qu'il est libéré de la première période du service actif ;

3º Qu'il est membre de la société municipale de secours mutuels du quartier qu'il habite et qu'il y remplit ses obligations.

Art. 2. — Le paragraphe premier de l'article qui précède ne sera applicable qu'aux citoyens nés postérieurement au 1er janvier 1856.

Art. 3. — Tout Français libéré du service militaire pour cause d'exemption pourra, dès l'âge de vingt et un ans, s'il a contracté mariage, être inscrit sur la liste électorale s'il satisfait aux autres obligations.

Art. 4. — Tout Français né antérieurement à l'année 1847,

jouissant de ses droit civiques, a la capacité électorale s'il satisfait à l'obligation, par le paragraphe 3 de l'article 1er.

Art. 5. — Il sera dressé dans chaque arrondissement de
Paris une double liste électorale pour chacun des quartiers:

1º. L'une à la mairie, pouvant être consultée.

2º. L'autre au siége de la société des quartiers respectifs.

Art. 6. — Les inscriptions et radiations seront permanentes
et s'opéreront simultanément sur la double liste précitée.

Art. 7. — Aux 31 janvier, 30 avril, 31 juillet et 31 octobre,
la liste électorale sera close et se contrôlera avec celles des
quatre sociétés municipales.

Art. 8. — Tout électeur ne pourra accomplir son droit et
jouir des avantages de la société municipale que dans le
quartier qu'il habite.

Art. 9. — Tout électeur changeant de domicile, soit d'un
quartier à un autre dans le même arrondissement ou dans un
autre, sera provisoirement inscrit sur une liste suplémentaire
jusqu'à l'une des quatre époques de clôture prévues par l'article 7.

Art. 10. — Tout électeur, conséquemment sociétaire, devra
une cotisation annuelle fixée à 12 francs. La perception en
sera faite mensuellement par les soins de la société.

Art. 11. — Les sociétés municipales, par l'organe de leur
bureau, pourront exonérer de la cotisation, soit temporaire-
ment, soit à titre définitif, ceux de ses membres dont l'âge,
les infirmités ou toute autre cause légitime rendrait l'obligation pécunière impossible.

Art. 12. — Tout électeur appelé à l'exercice de ses droits
devra justifier qu'il a satisfait aux prescriptions prévues par
l'article 10, ou s'il est exonéré, selon l'article 11, par une
décision régulièrement établie.

X

CONCLUSION.

Telle est Messieurs les Membres de l'Assemblée nationale,
la pétition que j'ai l'honneur de soumettre à vos lumières, et
que je résume par ces derniers mots :

Est-ce une vérité de déclarer qu'il n'y a pas de droits sans devoirs?

Est-il assez démontré que, depuis trop longtemps, une multitude, indigne d'être électeurs, a fait échec aux honnêtes gens?

Est-il vrai qu'il est indispensable de relever le courage des hommes d'ordre par des dispositions morales qui, sans blesser le principe du suffrage universel, le purifiera de ces déplorables conséquences?

Sûr que la prévoyance, rendue obligatoire, loin d'être une charge nouvelle pour le peuple, lui viendrait, au contraire, en aide par la voie la plus digne, la plus honorable et la plus pratique;

Pénétré enfin que j'accomplis un devoir, j'ose espérer, Messieurs, que, malgré l'imperfection de la forme, qu'humblement j'accuse, vous exprimerez, de cette proposition, la pensée que je crois digne de vos méditations.

Du moins c'est l'espoir d'un homme, qui, durant sa longue carrière, donna aux institutions de son pays tout son cœur et toute son âme!

PETIT,
Chevalier de la Légion d'honneur

1833. Paris. — Typographie Morris père et fils, rue Amelot, 64.